school - اسکول	2
travel - سفر	5
transport - نقل وحمل	8
city - شہر	10
landscape - منظر	14
restaurant - ریسٹورنٹ	17
supermarket - سُپرمارکیٹ	20
drinks - مشروبات	22
food - کھانےکی اشیاء	23
farm - کھیت	27
house - مکان	31
living room - لوونگ روم	33
kitchen - باورچی خانہ	35
bathroom - غسل خانہ	38
child's room - بچوں کا کمرہ	42
clothing - لباس	44
office - دفتر	49
economy - معیشت	51
occupations - پیشے	53
tools - اوزار	56
musical instruments - آلات موسیقی	57
zoo - چڑیا گھر	59
sports - کھیلیں	62
activities - سرگرمیاں	63
family - خاندان	67
body - جسم	68
hospital - ہسپتال	72
emergency - ہنگامی صورتحال	76
Earth - زمین	77
clock - کلاک	79
week - ہفتہ	80
year - سال	81
shapes - اشکال	83
colours - رنگ	84
opposites - مخالف	85
numbers - اعداد	88
languages - زبانیں	90
who / what / how - کون / کیا / کیسے	91
where - کہاں	92

Impressum
Verlag: BABADADA GmbH, Nedderfeld 112 , 22529 Hamburg
Geschäftsführer / Verlagsleitung: Harald Hof
Druck: Books on Demand GmbH, In de Tarpen 42, 22848 Norderstedt

Imprint
Publisher: BABADADA GmbH, Nedderfeld 112 , 22529 Hamburg, Germany
Managing Director / Publishing direction: Harald Hof
Print: Books on Demand GmbH, In de Tarpen 42, 22848 Norderstedt

divide
تقسیم کریں

186/2

board
بورڈ

classroom
کمرہ جماعت

school yard
سکول کا صحن

teacher
استاد

paper
کاغذ

write
لکھنا

pen
قلم

desk
میز

ruler
پیمانہ

book
کتاب

pupil
شاگرد

satchel

بستہ

pencil case

پینسل کیس

pencil

پینسل

pencil sharpener

پینسل شارپنر

rubber

ربڑ

drawing pad

ڈراٸنگ پیڈ

drawing

ڈرائنگ

paintbrush

پینٹ برش

paint box

پینٹ باکس

scissors

قینچی

glue

گوند

exercise book

مشق کی کاپی

homework

ہوم ورک

12

number

ہندسہ

2+2

add

جمع کریں

5-2

subtract

منفی کریں

2×2

multiply

ضرب دیں

calculate

شمار کریں

A

letter

خط

ABCDEFG
HIJKLMN
OPQRSTU
VWXYZ

alphabet

حروف تہجی

hello

word

لفظ

text

متن

read

پڑھنا

chalk

چاک

lesson

سبق

register

اندراج

exam

امتحان

certificate

سند

school uniform

سکول یونیفارم

education

تعلیم

encyclopedia

انسائیکلوپیڈیا

university

یونیورسٹی

microscope

خورد بین

map

نقشہ

waste-paper basket

ویسٹ پیپر باسکٹ

hotel
ہوٹل

hostel
ہاسٹل

bureau de change
رقم تبدیل کرانے کیلئے دفتر

car
کار

language

زبان

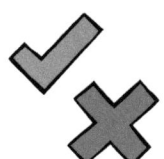

yes / no

ہاں / نہیں

Okay

ٹھیک ہے

hello

ہیلو

translator

مُترجم

Thank you

شُکریہ

how much is...?

کی کیا قیمت ہے؟ ...

I do not understand

میں نہیں سمجھتا

problem

مشکل

Good evening!

شام بخیر!

Good morning!

صبح بخیر!

Good night!

شب بخیر!

bye bye

الوداع

direction

سمت

luggage

سفری سامان

bag

بیگ

backpack

بیگ پیک

guest

مہمان

room

کمرہ

sleeping bag

سلیپنگ بیگ

tent

ٹینٹ

tourist information

سیاحوں کے لئے معلومات

beach

ساحل

credit card

کریڈٹ کارڈ

breakfast

ناشتہ

lunch

لنچ

dinner

ڈنر

ticket

ٹکٹ

lift

لفٹ

stamp

مُہر

border

سرحد

customs

کسٹمز

embassy

سفارت خانہ

visa

ویزا

passport

پاسپورٹ

aeroplane
ہوائی جہاز

ship
سمندری جہاز

fire engine
آگ بجھانے والی گاڑی

bus
بس

truck
ٹرک

motorboat
موٹر بوٹ

bike
سائیکل

car
کار

ferry

فیری

boat

کشتی

motorbike

موٹر سائیکل

police car

پولیس کار

racing car

ریسنگ کار

rental car

کرایہ پر کار

car sharing

کار کا اشتراک کرنا

breakdown truck

کھینچنے والا ٹرک

refuse truck

کوڑے والا ٹرک

motor

کار

fuel

ایندھن

petrol station

پٹرول اسٹیشن

traffic sign

ٹریفک کے نشانات

traffic

ٹریفک

traffic jam

ٹریفک جام

car park

کار پارک

train station

ٹرین اسٹیشن

tracks

پٹڑیاں

train

ٹرین

tram

ٹرام

carriage

ویگن

helicopter

ہیلی کاپٹر

airport

ائرپورٹ

tower

ٹاور

passenger

مسافر

container

کنٹینر

carton

ڈبہ

cart

ریڑھا

basket

ٹوکری

take off / land

اڑان بھرنا / زمین پر اترنا

city

شہر

village

گاؤں

city centre

سٹی سنٹر

house

مکان

The top illustration shows a city scene with the following labels:

- cinema — سنیما
- advert — اشتہار
- street lamp — اسٹریٹ لیمپ
- street — گلی
- taxi — ٹیکسی
- snack shop — اسنیک شاپ
- pedestrian — پیدل چلنے والا
- pavement — پُختہ راستہ
- zebra crossing — زیبرا کراسنگ
- bin — بن
- crossing — پارکرنے کی جگہ
- traffic lights — ٹریفک لائٹس

CINEMA

hut
....
ہٹ

flat
....
فلیٹ

train station
....
ٹرین اسٹیشن

town hall
....
ٹاؤن ہال

museum
....
عجائب گھر

school
....
اسکول

university

یونیورسٹی

bank

بینک

hospital

ہسپتال

hotel

ہوٹل

pharmacy

فارمیسی

office

دفتر

book shop

کتابوں کی دُکان

shop

دکان

florist's

پھولوں کی دُکان

supermarket

سُپرمارکیٹ

market

مارکیٹ

department store

ڈیپارٹمنٹ سٹور

fishmonger's

مچھلی کی دُکان

shopping centre

شاپنگ سنٹر

harbour

بندرگاہ

شہر - city

park

پارک

bench

بنچ

bridge

پُل

stairs

سیڑھیاں

underground

انڈرگراؤنڈ

tunnel

سُرنگ

bus stop

بس اسٹاپ

bar

شراب خانہ

restaurant

ریسٹورنٹ

postbox

پوسٹ باکس

street sign

اسٹریٹ سائن

parking meter

پارکنگ میٹر

zoo

چڑیا گھر

swimming pool

سوئمنگ پول

mosque

مسجد

farm

کھیت

pollution

آلودگی

graveyard

قبرستان

church

چرچ

playground

کھیل کا میدان

temple

مندر

landscape

منظر

![landscape illustration]

- signpost — رہنمائی کے لیے لگا ہوا بورڈ
- way — راستہ
- meadow — سبزہ زار
- stone — پتھر
- tree — درخت
- hiker — پیدل چلنے والا، ہائیکر
- river — دریا
- grass — گھاس
- flower — پھول

valley

وادی

hill

پہاڑی

lake

جھیل

forest

جنگل

desert

صحرا

volcano

آتش فشاں

castle

قلعہ

rainbow

قوس قزح

mushroom

کھمبی

palm tree

کجھورکا درخت

mosquito

مچھر

fly

مکھی

ant

چیونٹی

bee

مکھی

spider

مکڑا

landscape - منظر

beetle

بھونرا

frog

مینڈک

squirrel

گلہری

hedgehog

خارپُشت

hare

خرگوش

owl

اُلو

bird

پرندہ

swan

راج ہنس

boar

سؤر

deer

ہرن

moose

امریکی بارہ سنگھا

dam

ڈیم

wind turbine

ہوا سےچلنےوالی ٹربائین

solar panel

سولرپینل

climate

آب وہوا

waiter
ویٹر

menu
مینیو

chair
کرسی

soup
سوپ

pizza
پیزا

cutlery
کٹلری

tablecloth
ٹیبل کلاتھ

starter
اسٹارٹر

main course
مین کورس

dessert
ڈیزرٹ

drinks
مشروبات

food
کھانے کی اشیاء

bottle
بوتل

fast food

فاسٹ فوڈ

street food

اسٹریٹ فوڈ

teapot

چائے دانی

sugar bowl

شوگر باکس

portion

حصہ

espresso machine

ایسپریسو مشین

high chair

اونچی کرسی

bill

بل

tray

ٹرے

knife

چھُری

fork

کانٹا

spoon

چمچ

teaspoon

چائے کا چمچ

serviette

سرویئٹی

glass

شیشہ

plate

پلیٹ

soup plate

سوپ پلیٹ

saucer

طشتری

sauce

چٹنی

salt pot

سالٹ شیکر

pepper mill

پیپرمل

vinegar

سرکہ

oil

خوردنی تیل

spices

مصالحے

ketchup

کیچپ

mustard

سرسوں

mayonnaise

مینونیز

special offer
خصوصی پیشکش

customer
گاہک

dairy
ڈیری

fruit
پھل

trolley
ٹرالی

butcher's
گوشت کی دُکان

baker's
بیکری

weigh
وزن کرنا

vegetables
سبزیاں

meat
گوشت

frozen food
جما ہوا کھانا

cold meat

کولڈ کٹس

tinned food

ڈبے میں بند کھانا

washing powder

واشنگ پاؤڈر

sweets

مٹھائیاں

household products

گھریلو مصنوعات

cleaning products

صاف کرنے کیلئے مصنوعات

salesperson

سیلزپرسن

till

کیش رجسٹر

cashier

کیشیئر

shopping list

خریداری کی فہرست

opening hours

اوقات کار

wallet

بٹوہ

credit card

کریڈٹ کارڈ

bag

تھیلا

plastic bag

پلاسٹک کے تھیلے

water

پانی

juice

جوس، رس

milk

دودھ

coke

کوک

wine

وائن

beer

بیئر

alcohol

الکوحل

cocoa

کوکوآ

tea

چائے

coffee

کافی

espresso

ایسپریسو

cappuccino

کپیاچینو

banana

کیلا

apple

سیب

orange

مالٹا

melon

خربوزہ

lemon

لیموں

carrot

گاجر

garlic

لہسن

bamboo

بانس

onion

پیاز

mushroom

کھُمبی

nuts

اخروٹ، بادام وغیرہ

noodles

نوڈلز

spaghetti

اسپیگیٹی

rice

چاول

salad

سلاد

chips

چِپس

fried potatoes

تلے ہوئے آلو

pizza

پیزا

hamburger

ہیم برگر

sandwich

سینڈوچ

cutlet

کٹلیٹ

ham

سؤر کی ران کا گوشت

salami

گوشت کی اطالوی ساسیج

sausage

ساسیج

chicken

مُرغی

roast

روسٹ

fish

مچھلی

porridge oats

جنی کا دلیہ

muesli

میوزلی

cornflakes

کارن فلیکس

flour

آٹا

croissant

کرونیسنٹ

bread roll

بریڈ رول

bread

بریڈ

toast

ٹوسٹ

biscuits

بسکٹ

butter

مکھن

curd

دہی

cake

کیک

egg

انڈا

fried egg

فرائی کیا گیا انڈہ

cheese

پنیر

ice cream

آئس کریم

sugar

چینی

honey

شہد

jam

جام

chocolate spread

ناؤگٹ کریم

curry

سالن

goat	cow	calf

بکری

گائے

بچھڑا

pig	piglet	bull

سؤر

سؤر کا بچہ

سانڈ

goose

راج ہنس

duck

بطخ

chick

چوزہ

hen

مُرغی

cock

مُرغا

rat

چوہا

cat

بلی

mouse

چوہا

ox

بیلچہ

dog

کتا

doghouse

کتے کا گھر

garden hose

گارڈن ہوز

watering can

پانی کا کین

scythe

درانتی

plough

ہل

sickle

درانتی

hoe

بیلچہ

pitchfork

ترنگل

axe

کلہاڑا

wheelbarrow

بتہ گاڑی

trough

حوض

milk can

دودھ کا کین

sack

تھیلا

fence

باڑ

stable

اصطبل

greenhouse

گرین ہاؤس

soil

مٹی

seed

بیج

fertilizer

فرٹیلائزر

combine harvester

کمبائن ہارویسٹر

harvest

فصل کاٹنا

harvest

فصل کاٹنا

yams

افریقی آلو

wheat

گندم

soy

سویا

potato

آلو

corn

مکئی

rapeseed

توریا کا تیل

fruit tree

پھلداردرخت

cassava

کساوا

cereals

دلیہ

living room

لوونگ روم

bathroom

غُسل خانہ

kitchen

باورچی خانہ

bedroom

بیڈروم

child's room

بچوں کا کمرہ

dining room

کھانےکا کمرہ

floor

فرش

wall

دیوار

ceiling

چھت

cellar

تہ خانہ

sauna

سوانا

balcony

بالکونی

terrace

ٹیریس

pool

پول

lawn mower

گھاس کاٹنے کی مشین

sheet

چادر

bedspread

چادر

bed

بستر

broom

جھاڑو

bucket

بالٹی

switch

سوئچ

carpet

قالین

curtain

پردے

table

میز

chair

گرسی

rocking chair

جلنے والی گرسی

armchair

آرام گرسی

book

كتاب

blanket

كمبل

decoration

آرائش

firewood

جلانےکی لکڑی

film

فلم

hi-fi equipment

ہائی فائی

key

چابی

newspaper

اخبار

painting

پینٹنگ

poster

پوسٹر

radio

ریڈیو

notepad

نوٹ بُک

hoover

ویکیوم کلینر

cactus

کیکٹس

candle

موم بتی

fridge
فرج

microwave oven
مائیکرویو اوون

kitchen scales
کچن اسکیل

toaster
ٹوسٹر

detergent
کپڑے دھونے کا پاؤڈر

oven
چولہا

freezer
فریزر

dishwasher
ڈش واشر

cooker

گگر

pot

برتن

cast-iron pot

لوہے کا برتن

wok / kadai

کڑاہی

pan

برتن

kettle

کیتلی

steamer

اسٹیمر

baking tray

بیکنگ ٹرے

crockery

کراکری

mug

مگ

bowl

پیالہ

chopsticks

چاپ اسٹکس

ladle

ڈونی

spatula

کفچہ

whisk

جھاڑو دینا

strainer

مقطر

sieve

چھلنی

grater

گریٹر

mortar

کونڈی

barbecue

باربی کیو

open fire

کھلی آگ

chopping board

چاپنگ بورڈ

rolling pin

بیلن

corkscrew

کارک اسکریو

can

کین

can opener

کین اوپنر

pot holder

برتن پکڑنےوالا کپڑا

sink

سنک

brush

برش

sponge

اسپونج

blender

بلینڈر

deep freezer

ڈیپ فریز

baby bottle

بچےکی بوتل

tap

ٹوٹنی

bathroom
غُسل خانہ

heating
ہیٹنگ

towel
تولیہ

shower
شاور

shower curtain
شاورکرٹن

bubble bath
ببل باتھ

bathtub
باتھ ٹب

glass
شیشہ

washing machine
واشنگ مشین

tiles
ٹائلیں

tap
ٹونٹی

potty
پاٹی

sink
سنک

toilet

ٹائلٹ

squat toilet

دوزانوں بیٹھنےوالی ٹائلٹ

bidet

نچلاحصہ دھونےکیلئے بیاث

urinal

پیشاب گاہ

toilet paper

ٹائلٹ پیپر

toilet brush

ٹائلٹ برش

toothbrush

ٹوتھ برش

toothpaste

ٹوتھ پیسٹ

dental floss

ڈینٹل فلاس

wash

دھونا

handheld shower

ہینڈ شاور

douche

شاور

basin

بیسن

back brush

بیک برش

soap

صابن

shower gel

شاورجل

shampoo

شیمپو

flannel

فلالین

drain

ڈرین

cream

کریم

deodorant

ڈیوڈورنٹ

mirror

آئینہ

hand mirror

ہاتھ میں پکڑا جانےوالا آئینہ

razor

ریزر

shaving foam

شیونگ فوم

aftershave

آفٹر شیو

comb

کنگھی

brush

برش

hair dryer

ہیئر ڈرائر

hairspray

ہیئراسپرے

makeup

میک اپ

lipstick

لپ اسٹک

nail varnish

نیل وارنش

cotton wool

روئی

nail scissors

ناخن کاٹنےکی قینچی

perfume

پرفیوم

washbag

واش بیگ

stool

پاخانہ

weighing scale

وزن کرنے کی مشین

bathrobe

باتھ روب

rubber gloves

ربڑ کے دستانے

tampon

ٹیمپون

sanitary towel

سینیٹری ٹاول

chemical toilet

کیمیکل ٹائلٹ

alarm clock
الارم کلاک

cuddly toy
کڈلی ٹوائے

toy car
کھلونا کار

rattle
جُھنجھنا

doll's house
گڑیا گھر

present
موجود

balloon

غباره

bed

بستر

pram

پرام

deck of cards

ڈیک آف کارڈز

jigsaw

جگسا

comic

کامک

lego bricks

لیگوبرکس

building blocks

کھلونا بلاکس

action figure

ایکشن فگر

babygrow

بچےکا لباس

frisbee

فرسبی

mobile

کھلونا موبائل

board game

بورڈ گیم

dice

ڈائس

model train set

ماڈل ٹرین سیٹ

dummy

ڈمی

party

پارٹی

picture book

تصاویروالی کتاب

ball

گیند

doll

گڑیا

play

کھیلنا

sandpit

سینڈ پٹ

swing

جھولا جھولنا

toys

کھلونے

video game console

وڈیوگیم کنسول

tricycle

تین پہیوں والی سائیکل

teddy bear

ٹیڈی بیئر

wardrobe

کپڑوں کی الماری

clothing

لباس

socks

موزے

stockings

اسٹاکنگز

tights

ٹائٹس

scarf
اسکارف

umbrella
چھتری

t-shirt
ٹی شرٹ

belt
بیلٹ

boots
بوٹ

slippers
سلیپرس

trainers
اسنیکرز

sandals	shoes	rubber boots
سینڈل	جوتے	ربڑ کے بوٹس
underpants	bra	vest
زیرجامہ	بریزنیر	واسکٹ

clothing - لباس 45

body

جسم

trousers

پتلون

jeans

جینز

skirt

اسکرٹ

blouse

بلاؤز

shirt

قمیض

pullover

پُل اوور

hoodie

سویٹر

blazer

بلیزر

jacket

جیکٹ

coat

کوٹ

raincoat

رین کوٹ

costume

کوئی خاص لباس

dress

لباس

wedding dress

شادی کا لباس

suit

سوٹ

nightgown

نائٹ گاؤن

pyjamas

پاجامہ

sari

ساڑھی

headscarf

سر پر لیا جانے والا اسکارف

turban

پگڑی

burqa

بُرقع

kaftan

کفتان

abaya

عبایہ

swimsuit

تیراکی کا سوٹ

trunks

ٹرنک

shorts

نیکر

tracksuit

ٹریک سوٹ

apron

اپرن

gloves

دستانے

button

بٹن

glasses

عینک

bracelet

کنگن

necklace

بار

ring

انگوٹھی

earring

کانوں کی بالیاں

cap

ٹوپی

coat hanger

کوٹ ہینگر

hat

ہیٹ

tie

ٹائی

zip

زپ

helmet

ہیلمٹ

braces

بریسز

school uniform

سکول یونیفارم

uniform

وردی

bib
....
بب

dummy
....
ڈمی

nappy
....
نیپی

server
سرور

filing cabinet
فائلوں کی الماری

printer
پرنٹر

monitor
مانیٹر

paper
کاغذ

desk
میز

mouse
ماؤس

folder
فولڈر

keyboard
کی بورڈ

waste-paper basket
ویسٹ پیپر باسکٹ

chair
کرسی

computer
کمپیوٹر

coffee mug
....
کافی مگ

calculator
....
کیلکولیٹر

internet
....
انٹرنیٹ

laptop

لیپ ٹاپ

letter

خط

message

پیغام

mobile

موبائل

network

نیٹ ورک

photocopier

فوٹوکاپئیر

software

سافٹ ویئر

telephone

ٹیلی فون

plug socket

پلگ ساکٹ

fax machine

فیکس مشین

form

فارم

document

دستاویز

buy

خریدنا

pay

ادائیگی کرنا

trade

تجارت کرنا

money

رقم

dollar

ڈالر

euro

یورو

yen

ین

rouble

روبل

Swiss franc

سوئس فرانک

renminbi yuan

رینمنبی یوآن

rupee

روپیہ

cashpoint

کیش پوائنٹ

bureau de change

رقم تبدیل کرانے کیلئے دفتر

gold

سونا

silver

چاندی

oil

خام تیل

energy

توانائی

price

قیمت

contract

معاہدہ

tax

ٹیکس

stock

اسٹاک

work

کام کرنا

employee

ملازم

employer

آجر

factory

فیکٹری

shop

دکان

police officer
پولیس افسر

fireman
فائرمین

pilot
پائلٹ

cook
خانساماں، گگ

doctor
ڈاکٹر

gardener
مالی

carpenter
ترکھان

seamstress
درزن

judge
جج

chemist
کیمسٹ

actor
اداکار

bus driver

بس ڈرائیور

taxi driver

ٹیکسی ڈرائیور

fisherman

مچھیرا

cleaning lady

صفائی کرنےوالی عورت

roofer

چھت بنانےوالا

waiter

ویٹر

hunter

شکاری

painter

پینٹر

baker

بیکر

electrician

الیکٹریشین

builder

بلڈر

engineer

انجینیر

butcher

قصائی

plumber

پلمبر

postman

ڈاکیا

soldier

سپاہی

architect

آرکیٹیکٹ

cashier

کیشیئر

florist

پھول بیچنے والا

hairdresser

نائی

conductor

کنڈکٹر

mechanic

مکینک

captain

کپتان

dentist

ڈینٹسٹ

scientist

سائنسدان

rabbi

یہودی عالم

imam

امام

monk

راہب

clergyman

پادری

hammer
بتھوڑا

pliers
پلائرز

screwdriver
پیچ کس

spanner
رینچ

torch
ٹارچ

digger
ایکسکویٹر

toolbox
ٹول باکس

ladder
سیڑھی

saw
آری

nails
کیل

drill
ڈرل

repair

مرمت کرنا

shovel

بیلچہ

Damn!

لعنت ہو!

dustpan

ڈسٹ پین

paint pot

پینٹ پاٹ

screws

پیچ

musical instruments

آلات موسیقی

loudspeaker
لاؤڈ اسپیکر

drum kit
ڈرم سیٹ

guitar
گٹار

double bass
ڈبل باس

trumpet
بگل

piano

پیانو

violin

وائلن

bass

موسیقی کی آواز

timpani

ٹمپانی

drums

ڈھول، ڈرمز

keyboard

کی بورڈ

saxophone

سیکسوفون

flute

بانسری

microphone

مائیکروفون

tiger
چیتا

entrance
داخلے کا راستہ

cage
پنجرہ

zebra
زیبرا

animal feed
جانوروں کا چارہ

panda
پانڈا

animals

جانور

elephant

ہاتھی

kangaroo

کینگرو

rhino

گینڈا

gorilla

گوریلا

bear

ریچھ

camel

اونٹ

ostrich

شُترمُرغ

lion

شیر

monkey

بندر

flamingo

فلیمنگو

parrot

طوطا

polar bear

قطبی ریچھ

penguin

کبوتر

shark

شارک

peacock

مور

snake

سانپ

crocodile

مگرمچھ

zookeeper

چڑیا گھر کا محافظ

seal

سیل

jaguar

امریکی تیندوا

pony

ٹٹو

leopard

چیتا

hippo

دریائی گھوڑا

giraffe

زرافہ

eagle

عقاب

boar

سؤر

fish

مچھلی

turtle

کچھوا

walrus

سمندری گھوڑا

fox

لومڑی

gazelle

غزال برن

American football
امریکن فٹ بال

cycling
سائیکلنگ

tennis
ٹینس

basketball
باسکٹ بال

swimming
پیراکی

boxing
باکسنگ

ice hockey
آئس ہاکی

football
فٹ بال

badminton
بیڈمنٹن

athletics
اتھلیٹکس

handball
ہینڈ بال

skiing
اسکیننگ

polo
پولو

jump
چھلانگ لگانا

laugh
ہنسنا

hug
گلے لگانا

walk
چلنا

sing
گانا

dream
خواب دیکھنا

pray
دُعا کرنا

kiss
چُومنا

write

لکھنا

draw

تصویرکشی کرنا

show

دکھانا

push

آگے کی طرف دھکیلنا

give

دینا

take

لینا

have

رکھنا

do

کرنا

be

ہونا

stand

کھڑا ہونا

run

دوڑنا

pull

کھینچنا

throw

پھینکنا

fall

گرنا

lie

جھوٹ بولنا

wait

انتظار کرنا

carry

اٹھانا

sit

بیٹھنا

get dressed

ملبوس ہونا

sleep

سونا

wake up

جاگنا

look at

ديكھنا

cry

رونا

stroke

چوٹ لگانا

comb

کنگھی کرنا

talk

بات کرنا

understand

سمجھنا

ask

پوچھنا

listen

مُتوجہ ہونا

drink

پینا

eat

کھانا

tidy up

صاف کرنا

love

پیارکرنا

cook

پکانا

drive

گاڑی چلانا

fly

اُڑنا

sail

بحری سفرکرنا

calculate

شمارکریں

read

پڑھنا

learn

سیکھنا

work

کام کرنا

marry

شادی کرنا

sew

سینا

brush teeth

دانت صاف کرنا

kill

جان سےماردینا

smoke

تمباکونوشی کرنا

send

بھیجنا

grandmother
دادی

grandfather
دادا

father
یاپ

mother
ماں

baby
طفل

daughter
بیٹی

son
بیٹا

guest

مہمان

aunt

چچی

uncle

چچا

brother

بھائی

sister

بہن

forehead
ماتھا

eye
آنکھ

shoulder
کندھا

finger
انگلی

face
چہرہ

chin
ٹھوڑی

hand
ہاتھ

breast
چھاتی

leg
ٹانگ

arm
بازو

baby

طفل

man

أدمى

woman

عورت

girl

لڑکی

boy

لڑکا

head

سر

back

کمر

belly

پیٹ

belly button

ناف

toe

پاؤں کا انگوٹھا

heel

ایڑھی

bone

ہڈی

hip

کولہا

knee

گھٹنا

elbow

کہنی

nose

ناک

bottom

نچلا حصہ

skin

جلد

cheek

گال

ear

کان

lip

ہونٹ

mouth

مُنہ

tooth

دانت

tongue

زُبان

brain

دماغ

heart

دل

muscle

پٹھہ

lung

پھیپھڑا

liver

جگر

stomach

معدہ

kidneys

گردے

sex

جنس

condom

کنڈوم

ovum

بیضہ

semen

مادہ منویہ

pregnancy

حمل

menstruation

حیض

vagina

اندام نہانی

penis

عضو تناسل

eyebrow

بھنویں

hair

بال

neck

گردن

hospital
ہسپتال

ambulance
ایمبولینس

wheelchair
وہیل چیئر

fracture
ہڈی ٹوٹنا

doctor

ڈاکٹر

emergency room

ہنگامی کمرہ

nurse

نرس

emergency

ہنگامی صورتحال

unconscious

بے ہوش

pain

درد

injury

زخم

bleeding

خون بہنا

heart attack

دل کا دورہ

stroke

فالج

allergy

الرجی

cough

کھانسی

fever

بخار

flu

زکام

diarrhoea

اسہال

headache

سردرد

cancer

کینسر

diabetes

ذیابیطس

surgeon

سرجن

scalpel

نشتر

operation

آپریشن

CT

سی ٹی

x-ray

ایکس رے

ultrasound

الٹراساونڈ

face mask

چہرے کا نقاب

disease

بیماری

waiting room

انتظارگاہ

crutch

بیساکھی

plaster

پلاسٹر

bandage

پٹی

injection

انجکشن

stethoscope

اسٹیتھو اسکوپ

stretcher

اسٹریچر

clinical thermometer

مطبی تھرما میٹر

birth

پیدائش

overweight

حد سے زیادہ وزن

hearing aid

آلہ سماعت

disinfectant

جراثیم کش

infection

انفیکشن

virus

وائرس

HIV / AIDS

ایچ آئی وی/ ایڈز

medicine

دوا

vaccination

ویکسی نیشن

tablets

گولیاں

pill

گولی

emergency call

ہنگامی کال

blood pressure monitor

بلڈ پریشر مانیٹر

ill / healthy

بیمار/ صحتمند

alarm

الارم

assault

مُجرمانہ حملہ

Help!

مدد!

attack

حملہ

danger

خطرہ

emergency exit

ہنگامی راستہ

fire extinguisher

آگ بُجھانے والہ آلہ

accident

حادثہ

Fire!

آگ!

first-aid kit

ابتدائی طبی امداد کی کٹ

SOS

ایس اوایس

police

پولیس

Europe

یورپ

North America

شمالی امریکہ

South America

جنوبی امریکہ

Africa

افریقہ

Asia

ایشیا

Australia

آسٹریلیا

Atlantic

بحراوقیانوس

Pacific

بحرالکابل

Indian Ocean

بحرہند

Antarctic Ocean

بحرقُطب جنوبی

Arctic Ocean

بحرقُطب شمالی

North Pole

قُطب شمالی

South Pole

قُطب جنوبی

Antarctica

انٹارکٹیکا

Earth

زمین

land

زمین

sea

سمندر

island

جزیرہ

nation

قوم

state

ریاست

clock face

کلاک کا سامنے کا حصہ

hour hand

گھنٹوں والی سوئی

minute hand

منٹوں والی سوئی

second hand

سیکنڈ ہینڈ

What time is it?

کیا وقت ہوا ہے؟

day

دن

time

وقت

now

اب

digital watch

ڈیجیٹل گھڑی

minute

منٹ

hour

گھنٹہ

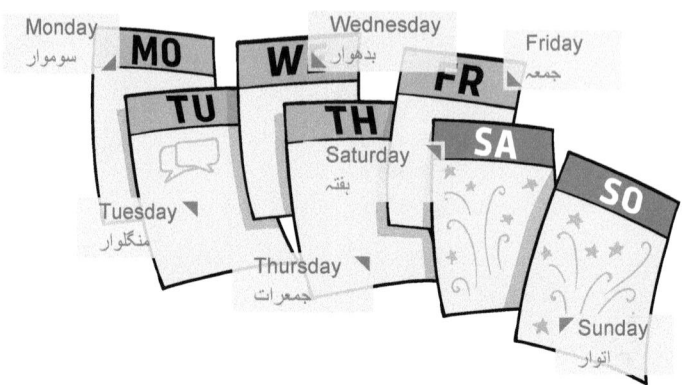

Monday
سوموار

Wednesday
بدھوار

Friday
جمعہ

Tuesday
منگلوار

Saturday
ہفتہ

Thursday
جمعرات

Sunday
اتوار

yesterday
....
گزرا کل

today
....
آج

tomorrow
....
کل

morning
....
صبح

noon
....
دوپہر

evening
....
شام

MO	TU	WE	TH	FR	SA	SU
1	2	3	4	5	6	7
8	9	10	11	12	13	14
15	16	17	18	19	20	21
22	23	24	25	26	27	28
29	30	31	1	2	3	4

business days
....
کاروباری دن

MO	TU	WE	TH	FR	SA	SU
1	2	3	4	5	6	7
8	9	10	11	12	13	14
15	16	17	18	19	20	21
22	23	24	25	26	27	28
29	30	31	1	2	3	4

weekend
....
ہفتے کا اختتام

rain
بارش

snow
برف

wind
ہوا

spring
بہار

autumn
خزاں

summer
موسم گرما

winter
موسم سرما

4.APRIL	11°	
5.APRIL	4°	
6.APRIL	13°	
7.APRIL	8°	
8.APRIL	10°	

weather forecast

موسمی پیش گوئی

thermometer

تھرما میٹر

sunshine

دھوپ

cloud

بادل

fog

دُھند

humidity

حبس

lightning

بجلی کوندھنا

thunder

بادلوں کی گرج

storm

طوفان

hail

ژالہ باری

monsoon

مون سون

flood

سیلاب

ice

برف

January

جنوری

February

فروری

March

مارچ

April

اپریل

May

مئی

June

جون

July

جولائی

August

اگست

September

ستمبر

October

اکتوبر

November

نومبر

December

دسمبر

shapes

اشکال

circle

دائرہ

square

چوکور

rectangle

مُستطیل

triangle

تکون

sphere

گرہ

cube

مکعب

white

سفید

yellow

پیلا

orange

نارنجی

pink

گلابی

red

سُرخ

purple

جامنی

blue

نیلا

green

سبز

brown

بھورا

grey

میلا

black

سیاہ

a lot / a little

بہت زیادہ / بہت کم

angry / calm

ناراض / پُرسکون

beautiful / ugly

خوبصورت / بدصورت

beginning / end

آغاز / اختتام

big / small

بڑا / چھوٹا

bright / dark

روشن / اندھیرا

brother / sister

بھائی / بہن

clean / dirty

صاف / گندا

complete / incomplete

مکمل / نامکمل

day / night

دن / رات

dead / alive

زندہ / مُردہ

wide / narrow

چوڑا / تنگ

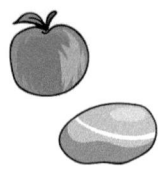

edible / inedible

کھانے کے قابل ہونا / کھانے کے قابل نہ ہونا

evil / kind

بُرا / اچھا

excited / bored

پُرجوش / بوریت کا شکار

fat / thin

موٹا / دُبلا

first / last

پہلا / آخری

friend / enemy

دوست / دُشمن

full / empty

بھرا ہوا / خالی

hard / soft

سخت / نرم

heavy / light

بوجھل / ہلکا

hunger / thirst

بھوک / پیاس

ill / healthy

بیمار / صحتمند

illegal / legal

غیرقانونی / قانونی

intelligent / stupid

عقلمند / بیوقوف

left / right

بائیں / دائیں

near / far

نزدیک / دور

new / used

نیا / پُرانا

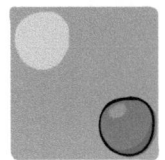

nothing / something

کچھ نہیں / کچھ ہے

old / young

بوڑھا / نوجوان

on / off

آن / آف

open / closed

کھلا / بند

quiet / loud

خاموش / بُلند آواز

rich / poor

امیر / غریب

right / wrong

ٹھیک / غلط

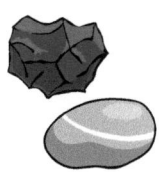

rough / smooth

کھُردرا / ہموار

sad / happy

افسردہ / خوش

short / long

مُختصر / طویل

slow / fast

آہستہ / تیز

wet / dry

گیلا / خُشک

warm / cool

گرم / ٹھنڈا

war / peace

جنگ / امن

0	1	2
zero	one	two
صفر	ایک	دو

3	4	5
three	four	five
تین	چار	پانچ

6	7	8
six	seven	eight
چھ	سات	آٹھ

9	10	11
nine	ten	eleven
نو	دس	گیارہ

12

twelve

باره

13

thirteen

تیره

14

fourteen

چوده

15

fifteen

پندره

16

sixteen

سولہ

17

seventeen

ستّره

18

eighteen

اٹھاره

19

nineteen

أنیس

20

twenty

بیس

100

hundred

سو

1.000

thousand

ہزار

1.000.000

million

دس لاکھ

English

انگریزی

American English

امریکی انگریزی

Chinese Mandarin

چینی مینڈارین

Hindi

ہندی

Spanish

ہسپانوی

French

فرانسیسی

Arabic

عربی

Russian

روسی

Portuguese

پُرتگالی

Bengali

بنگالی

German

جرمن

Japanese

جاپانی

I

میں

you

تم

he / she / it

وہ (لڑکا) / وہ (لڑکی) / یہ

we

ہم

you

تم

they

وہ

who?

کون؟

what?

کیا؟

how?

کیسے؟

where?

کہاں؟

when?

کب؟

name

نام

behind

پیچھے

in

میں

in front of

کے سامنے

over

اوپر

on

پر

under

نیچے

beside

ساتھ

between

درمیان

place

جگہ